BOEKANALYSE

AF142095

W, of De jeugdherinnering

· · · · · · · · · · · · · · · ·

GEORGES PEREC

BOEKANALYSE

Geschreven door David Noiret
Vertaald door Nikki Claes

W, of De jeugdherinnering

GEORGES PEREC

GEORGES PEREC

FRANSE SCHRIJVER

- **Geboren in Parijs in 1936.**
- **Overleden in Ivry-sur-Seine in 1982.**
- **Opmerkelijke werken:**
  - *Dingen: A Story of the Sixties* (1965), roman.
  - *A Void* (1969), roman
  - *Het leven: A User's Manual* (1978), roman

Georges Perec was een van Frankrijks meest bijzondere schrijvers van de 20e eeuw. Na zijn studies geschiedenis en sociologie aan de Sorbonne in Parijs werd hij archivaris op de afdeling neurofysiologie van het Franse Nationale Centrum voor Wetenschappelijk Onderzoek. Hij won de Prix Renaudot voor zijn eerste roman, *Things: A Story of the Sixties*, in 1965, en wijdde zich vanaf dat moment aan de literatuur. In 1967 werd hij lid van de groep Oulipo (afkorting van *Ouvroir de littérature potentielle*, of "werkplaats van potentiële literatuur"), die was opgericht door de schrijver Raymond Queneau (Frans romanschrijver, dichter en dramaturg, 1903-1976) en de wiskundige François Le Lionnais (1901-1984), en die het gebruik van beperkingen als onderdeel van het schrijven voorstond. Vervolgens was zijn literaire productie nauw verbonden met deze groep. Tot zijn bekendste werken behoren *A Void* (een detectiveroman waarin de letter "e" niet wordt gebruikt) en *Life: A User's Manual, dat* in 1978 de Prix Médicis won.

W, OF DE JEUGDHERINNERING

EEN DIEPGAAND EN INVENTIEF BOEK

- **Genre:** autobiografische roman
- **Referentie-uitgave:** Perec, G. (2011) *W, or the Memory of Childhood*. Trans. Bellos, D. Londen: Vintage Books.
- **1e editie:** 1975
- **Thema's:** Tweede Wereldoorlog, kindertijd, strijd, sport, verbeelding, dood, herinnering

De ouders van Georges Perec waren in Polen geboren joden, en hun dood tijdens de Tweede Wereldoorlog (1939-1945) heeft een diepe indruk op hem gemaakt. Hij bespreekt deze gebeurtenis in dit autobiografische boek, dat voor het eerst werd gepubliceerd in 1975. Naast deze pijnlijke vertelling vertelt Gaspard Winckler, de hoofdpersoon van een tweede vertelling, zijn fictieve verhaal en het verhaal van W, een schijnbaar perfect eiland dat geheel gewijd is aan sport. De twee ogenschijnlijk ongerelateerde verhalen worden verteld in afwisselende hoofdstukken. De cursief gedrukte hoofdstukken (de oneven hoofdstukken in het eerste deel en de even hoofdstukken in het tweede deel) vertellen het fictieve verhaal van W, terwijl de hoofdstukken in gewone tekst de herinneringen van de auteur weergeven.

SAMENVATTING

ONZEKERE HERINNERINGEN

Terwijl hij zijn verhaal begint te vertellen, worstelt Perec om de herinneringen aan zijn jeugd tijdens de Tweede Wereldoorlog te verzamelen, omdat ze vol hiaten en onzekerheden zitten:

> *"Ik heb geen jeugdherinneringen. Tot mijn twaalfde jaar of daaromtrent komt mijn verhaal tot nauwelijks een paar regels: Ik verloor mijn vader toen ik vier was, mijn moeder toen ik zes was; ik bracht de oorlog door in verschillende pensions in Villard-de-Lans. In 1945 hebben de zus van mijn vader en haar man mij geadopteerd" (blz. 6).*

De weinige herinneringen die hij weet op te halen zijn foto's van zijn ouders waarop hij commentaar geeft, plaatsen uit zijn dagelijks leven in Parijs en diepgaande overpeinzingen over schrijven. Het laatste beeld dat hij van zijn moeder heeft is dat zij hem afzet bij het Gare de Lyon zodat hij alleen naar Grenoble kan reizen, in de vrije zone van Frankrijk, waar zijn tante Esther voor hem zal zorgen.

Perec begint zijn verhaal met zijn aankomst in Villard-de-Lans, Zuidoost-Frankrijk, in 1942, nadat hij de verschillende leden zijn familie heeft voorgesteld. Hij heeft alleen ongeordende, onsamenhangende herinneringen aan deze tijd. Ze hangen niet met elkaar samen, zoals zijn schrijven, en worden gekenmerkt door een gebrek aan referentiepunten. Hij begint er een nieuw leven.

Wanneer hij aankomt, woont hij een tijdje in een villa genaamd Les Frimas met zijn tante Esther en zijn nicht Ela. Hij heeft levendige herinneringen aan het "x"-vormige zaagpaard dat wordt gebruikt om boomstammen te zagen en aan zijn gebroken arm. Dit zijn de enige dingen die hij zich duidelijk herinnert van zijn verblijf: het ene leidt tot een beschouwing over vormen. ('x' bestaat uit twee 'v's, zoals 'w'), terwijl het tweede psychologische pijn (de oorlog, het verlies van zijn ouders en het vergeten van de kindertijd) omzet in lichamelijk lijden.

Kort daarna wordt Georges naar een kostschool gestuurd waarvan hij zich de naam niet herinnert, voordat hij naar het College Turenne gaat, dat wordt geleid door twee nonnen en pater David. Hij wordt gedoopt in 1943. Hij herinnert zich de tekorten in oorlogstijd en het bezoek van Duitsers aan de school.

In 1944 verlaat hij College Turenne en gaat met zijn grootmoeder naar het dorp Lans-en-Vercors, waar hij valselijk wordt beschuldigd van het opsluiten van een klein meisje in een voorraadkast en in isolatie wordt geplaatst. Na de bevrijding gaat Georges wonen bij Berthe, zijn tante van vaderskant. Berthe's zoon Henri is een paar jaar ouder dan hij, en laat de jongen kennismaken met het plezier van lezen en het spel van slagschepen. Ze maken vlaggen die de oorlogvoerende landen voorstellen. Georges is gefascineerd door Henri en kijkt tegen hem op als rolmodel. Na de oorlog gaat Georges weer in Parijs wonen, net als zijn tante Esther, die hem opneemt omdat zijn moeder in een concentratiekamp is omgekomen.

Terwijl Georges zijn herinneringen opschrijft, herinnert hij zich het verhaal van W dat hij bedacht toen hij 13 was. Het ging over "het leven van een gemeenschap die zich uitsluitend bezighoudt met sport, een piepklein eiland voor Vuurland" (p. 7).

EEN HEEL ANDER VERHAAL

De held van deze door Georges bedachte roman is een valsemunter genaamd Gaspard Winckler, die zijn identiteit veranderde en dit pseudoniem aannam nadat hij uit het leger was gedeserteerd. Hij vertelt over zijn reis naar W.

Als hij drie jaar in H., een pension in Duitsland, heeft gewoond, krijgt Gaspard een brief van ene Otto Apfelstahl waarin hij hem ontmoet in hotel Berghof. Wanneer de twee elkaar ontmoeten, vraagt Otto Gaspard naar zijn identiteit. Otto weet dat Gaspard Winckler eigenlijk een schuilnaam is. Hij heeft de papieren van een doofstomme jongen, Gaspard, wiens moeder, Caecilia Winkler, lid is van een organisatie die identiteitspapieren verstrekt aan mensen in nood. Om de doofheid en het mutisme van de jonge Gaspard, die het gevolg zijn van een voortdurend isolement, te genezen, vertrekt zij met hem en vier passagiers om de wereld rond te reizen. Hun jacht, de *Sylvander*, leek echter op mysterieuze wijze te zinken toen ze Tierra del Fuego naderden, een eilandengroep voor de kust van Zuid-Amerika.

Otto Apfelstahl is lid van een organisatie die schipbreukelingen helpt, en staat erop dat Gaspar op zoek gaat naar de jongeman zijn naam deelt en wiens lichaam sinds de schipbreuk niet is gevonden. Na het lezen van het logboek aan boord van het jacht zijn de twee mannen ervan overtuigd dat er tijdens de overtocht iets vreselijks moet zijn gebeurd. Gaspard Winckler, wiens identiteit voor ons vrij mysterieus blijft, stemt ermee in naar dit onbekende land te reizen. Tijdens zijn reis bereikt hij het eiland W, dat niet ver van de plaats van het scheepswrak ligt.

EEN EILAND GEHEEL GEWIJD AAN SPORT

Gaspard geeft een minutieus gedetailleerde beschrijving van W zonder de lezer te vertellen wanneer of hoe hij er kwam, of wat hij er deed. Op dit eiland beheerst de sport alles. W bestaat uit vier dorpen, één op elke windstreek, waar ongeveer 400 mannelijke atleten wonen. Ongeveer 70 van hen zijn nieuwelingen. Jonge jongens wonen tot hun puberteit bij meisjes van hun eigen leeftijd en verhuizen op 14-jarige leeftijd naar de dorpen. Na een periode van isolatie worden zij novices. Atletiek en Grieks-Romeins worstelen behoren tot de 22 sportdisciplines. Er zijn 15 atleten per discipline per dorp. De sporters in elke discipline strijden tegen elkaar, tegen naburige dorpen en tegen niet aangesloten dorpen, in verschillende stadions die zich tussen de dorpen en in het centrum van W bevinden.

Er worden regelmatig grote wedstrijden georganiseerd: de Olympiade, de Spartakiade en de Atlantiade. Tijdens deze wedstrijden spelen de toeschouwers en de organisatoren (bestaande uit officials, scheidsrechters, rechters en sportdirecteuren) een belangrijke rol, omdat zij kunnen besluiten de atleten op te leggen, waaronder de doodstraf. Het doel van de door de regering en de organisatoren opgelegde regels is de honger naar de overwinning bij de atleten aan te wakkeren, zodat zij de straffen die aan de verliezers worden opgelegd, kunnen ontlopen.

Degenen die het podium halen, dragen de namen van de allereerste overwinnaars in elk onderdeel. Zo hebben sommige atleten meerdere namen, terwijl de meeste geen enkele naam hebben. De officials verzetten zich niet tegen onrechtvaardigheid, want volgens hen hoort toeval ook bij het spel. Daarom behouden zij zich het recht voor om bij elk onderdeel in te grijpen en de atleten willekeurige, willekeurige handicaps toe te kennen.

De vrouwen worden gescheiden gehouden van de mannen en één keer per maand naakt geleverd aan de beste atleten, die hen achtervolgen tijdens de Atlantiades. Om nieuwe inwoners voor het eiland te creëren, wordt een toernooi georganiseerd. Na afloop winnen slechts enkele mannen het recht om seks te hebben met de vrouwen. Aangezien er minder vrouwen dan mannen zijn, vechten de mannen meedogenloos om hen.

Uiteindelijk vertoont het leven op W een opvallende gelijkenis met het leven in de concentratiekampen: Ook al maken de incidentele overwinningen het leven van de mannen comfortabeler, ze stellen hen niet in staat te ontsnappen aan het regime op het eiland. Het lot van de atleten is tragisch omdat ze geen rechten of vrijheden hebben. Jaren nadat hij het verhaal van W had verzonnen, kwam Perec tot het bittere besef dat zijn kinderfantasieën over de concentratiekampen niet ver van de historische werkelijkheid stonden.

KARAKTERSTUDIE

AUTOBIOGRAFISCH VERHAAL (GEWONE TEKST)

Georges Perec

Georges Perec is niet alleen de auteur van het boek, maar ook de verteller en hoofdpersoon van dit deel van het verhaal. Precieze aanwijzingen bewijzen dat de auteur en de verteller/personage dezelfde man zijn: ze zijn bijvoorbeeld allebei geboren „op zaterdag 7 maart 1936, negen uur ,s avonds, in een kraamkliniek in de Rue de l'Atlas 19 in het xixe arrondissement van Parijs" (blz. 19).

Via dit verhaal probeert de auteur zijn kindertijd te reconstrueren aan de hand van verslagen, zijn weinige herinneringen en administratieve documenten. Als zodanig kan de authenticiteit van het karakter van Georges Perec als kind in twijfel worden getrokken omdat hij wordt onderzocht, gereconstrueerd en ingebeeld. Sommige herinneringen die volgens de verteller echt zijn, zijn dat misschien niet. Dit is bijvoorbeeld het geval met de gebroken arm waarover hij meerdere malen spreekt, met name wanneer hij zijn scheiding van zijn moeder beschrijft, maar waarvan hij niet weet hoe hij die heeft opgelopen.

Daarom moet de verteller worden gescheiden van het personage: Ook al reconstrueert de verteller zijn jeugd aan de hand van concrete elementen, zijn relaas staat dichter bij fictie dan bij de echte auteur.

De ouders van Georges Perec

De ouders van Georges Perec zijn een integraal onderdeel van de jeugd die hij probeert te herstellen. Het zijn afstandelijke, neutrale beelden waarvoor hij geen enkele emotie toont. Omdat hij niet op zijn geheugen kan vertrouwen, stelt de auteur portretten van hen op de hand van informatie die hij heeft kunnen bemachtigen, zoals foto's, gesprekken en deducties.

Icek Judko Peretz

Icek Judko Peretz is een Poolse man en de vader van Georges Perec. Georges heeft bijna geen herinnering aan hem, behalve een enkele foto en de beschrijving die zijn dierbaren van hem hebben gegeven. Toen de oorlog uitbrak, nam Perecs vader dienst in het leger. Hij stierf op 16 juni 1940, enkele dagen voor de ondertekening van de wapenstilstand met Duitsland, aan een verwonding die niet tijdig kon worden behandeld. De kleine Georges houdt vast aan dit beeld van zijn vader als soldaat. Later idealiseert hij hem door hem een reeks heroïsche sterfgevallen voor te stellen en ontwikkelt hij een belangstelling voor soldatenbeeldjes. Als hij een paar jaar later de waarheid over de dood van zijn vader ontdekt en een proces van introspectie om zijn jeugdherinneringen terug te krijgen, zien we dat zijn vader voor hem een onbekende figuur is die alleen via foto's wordt beschreven. Zijn dood wordt ons op een afstandelijke, ironische manier verteld.

Cyrla Schulevitz

Cyrla Schulevitz, die na haar huwelijk in de naam Cecile Peretz aanneemt, komt uit een grote Pools-Joodse familie die begin jaren dertig naar Parijs vluchtte. Ze ontmoet in Parijs Icek Judko Peretz, trouwt in 1934 met hem en baart in 1936 Georges, hun enige zoon. Net als zijn vader heeft de verteller weinig herinneringen aan zijn moeder. Zijn laatste herinnering is die aan haar op het perron van het Gare de Lyon als hij in 1942 alleen naar de Alpen vertrekt. Later probeert ze de hoofdstad te ontvluchten om aan deportatie te ontkomen, maar de persoon die haar zou wegsluizen komt niet opdagen voor hun ontmoeting. In de overtuiging dat het feit dat ze weduwe was haar problemen zou besparen, bleef Cyrla in Parijs en werd in januari 1943 gedeporteerd.

Ongetwijfeld als gevolg van zijn vage herinneringen, de dood van zijn vader vóór de bezetting en de deportatie van zijn moeder, ziet de auteur Cyrla altijd als een jonge, kwetsbare vrouw die vol liefde is en aan de tand des tijds is ontsnapt.

Esther

Esther is Georges' tante van vaderskant. Zij ontmoet hem op het station van Grenoble en adopteert hem na de bevrijding. Zij wordt in het eerste deel van het boek meerdere malen genoemd en speelt een essentiële rol in het leven van haar neef. Zij spreekt veel van Perecs herinneringen tegen of corrigeert ze. Door Esthers standpunt over sommige episodes te geven, laat de auteur zien hoe onvolledig en verwijderd van de werkelijkheid zijn eigen herinneringen kunnen zijn. Georges is er bijvoorbeeld van overtuigd dat hij een gebroken arm had op de dag dat hij vertrok, maar de andere leden van zijn familie spreken dit tegen: "Noch mijn tante, noch mijn nicht Ela hebben enige herinnering aan deze breuk" (p. 79).

FICTIEF VERHAAL (CURSIEF)

Gaspard Winckler

Gaspard Winckler is de held en verteller van de fictieve vertelling. De datum en het tijdstip van zijn geboorte zijn erg vaag: Hij vertelt ons dat *"ik geboren ben op 25 juni 19… rond vier uur, in R., een gehucht van drie huizen, niet ver van A."* (p. 4). Na een korte periode in het leger deserteert hij, verandert zijn identiteit en neemt zijn intrek in een Duits hotel. Hij is de enige ooggetuige van de ongelooflijke gebeurtenissen op het eiland W, waaraan hij op mysterieuze wijze is ontsnapt.

Zijn verhaal is zeer vaag en lijkt verbonden met het verhaal van de ziekelijke, broodmagere jongen Gaspard Winckler, die na een jeugdtrauma doof en stom werd en wiens identiteit de voormalige soldaat aannam. Het is mogelijk dat deze twee personages in feite dezelfde persoon zijn, waarbij de ene het heden (de volwassene) en de andere het verleden (het kind) van één man vertegenwoordigt: Georges Perec. Volgens deze lezing gaat de volwassen Gaspard Winckler op zoek naar zijn kindertijd, net als Georges Perec wanneer hij zijn boek schrijft. Bovendien is zijn eerste initiaal dezelfde als die van Perec, terwijl de eerste letter van zijn achternaam verwijst naar het eiland W.

De lezer kan redelijkerwijs veronderstellen dat Gaspard Winckler aan het einde van het eerste deel op zoek gaat naar de jongen die zijn naam deelt en het eiland W ontdekt. Het gebruik van de derde persoon enkelvoud in het tweede deel zou een bewijs kunnen zijn dat hij slechts getuige was van de gebeurtenissen op W, "*en geen acteur*" (p. 4).

Bovendien is Gaspard Winckler ook de hoofdpersoon van Perecs voltooide roman, *Portret van een man* (2012), als een bekwame valsemunter. Hij is dus een fictief personage (in *W, of De jeugdherinnering*) dat wordt geportretteerd in een roman (*Portret van een man*) van Georges Perec, die ook een fictief personage is in de twee romans. Dit proces van *mise en abyme* houdt in dat het ene werk in het andere wordt opgenomen. Een ander voorbeeld hiervan is het toneelstuk *L'Illusion Comique uit* 1634 van Pierre Corneille (Frans dramaturg en dichter, 1606-1684), waarin theater binnen theater voorkomt.

Otto Apfelstahl

Otto Apfelstahl wordt voorgesteld als een van de mensen die het Bureau Veritas leidt, een organisatie die scheepswrakslachtoffers redt. Hij ontmoet Gaspard Winckler in een café en zegt dat hij weet wie hij is en van wie hij zijn nieuwe identiteit heeft gekregen. Vervolgens stuurt hij hem op pad om het jonge schipbreukslachtoffer Gaspard Winckler te zoeken, wiens jacht verging voor de Tierra del Fuego archipel bij Zuid-Amerika en wiens moeder stierf toen ze probeerde een geneesmiddel voor hem te vinden.

Dit personage, dat Gaspard Winckler opdraagt het kind te vinden dat zijn naam deelt, zou een fictieve psychoanalyticus kunnen zijn die een dubbelganger van Georges Perec (Gaspard Winckler) op pad stuurt om zijn jeugdherinneringen te zoeken (de jonge doofstomme Gaspard Winckler, verdwaald in de oceaan). Manet van Montfrans poneert een soortgelijke hypothese in zijn boek *Georges Perec. La contrainte du réel* ("Georges Perec: De beperking van het reële"). Door de naam van Otto Apfelstahl te bestuderen, merkt van Montfrans op dat:

- De laatste lettergreep van zijn naam herinnert aan de Duitse uitgeverij Stahlberg, die de Duitse vertaling van Perecs *Things: A Story of the Sixties*. Dit plaatst het personage van Otto Apfelstahl in de rol van een redacteur die een roman van zijn auteur eist.

- Zijn voornaam en de initiaal van zijn achternaam zouden ook kunnen verwijzen naar de ambassadeur van het derde Rijk in Parijs tijdens de oorlog, Otto Abetz. Dit zou een link leggen tussen dit personage en de Tweede Wereldoorlog.

- De initialen op het zegel op zijn brief, MD, zouden kunnen verwijzen naar een carrière als arts: "Medical Doctor" in het Engels of "Magister und Doktor" in het Duits. Deze interpretatie maakt hem tot een psychoanalyticus die probeert zijn cliënt zich zijn verleden te laten herinneren.

Caecilia Winckler

Caecilia Winckler is de moeder van de jonge Gaspard Winckler. Zij is een *"wereldberoemde Oostenrijkse zangeres"* (p. 22) die tijdens de oorlog naar Zwitserland vluchtte, en deel uitmaakt van een organisatie die identiteitspapieren of paspoorten verstrekt aan mensen in moeilijkheden.

De stam van haar voornaam houdt verband met het Latijnse woord *cæcus, dat* "blind" betekent, een lichamelijke handicap die herinnert aan die van haar zoon Gaspard. Haar voornaam komt ook overeen met die van de moeder van Georges Perec, Cyrla Schulevitz, die gewoonlijk Cecile heette. Er is dus een duidelijk verband tussen het fictieve personage en de moeder van de schrijver, die in 1943 naar Auschwitz werd gedeporteerd. Caecilia redt het leven van Gaspard Winckler door hem de identiteit van haar eigen zoon te geven, terwijl Cecile de jonge Georges redt door hem op de trein naar Grenoble te zetten.

ANALYSE

EEN ORIGINEEL AUTOBIOGRAFISCH WERK

W, or the Memory of Childhood vertelt twee parallel lopende verhalen. Het eerste gaat over Georges Perec, die op documenten moet vertrouwen om de lezer over zijn jeugd te vertellen, omdat hij de eerste jaren van zijn leven niet kan herinneren. Hij is zowel de verteller als de hoofdpersoon van dit verhaal. Het tweede verhaal, verteld door Gaspard Winckler, een deserteur uit het leger, gaat over de zoektocht naar een kind dat verdwenen is en wiens naam de hoofdpersoon heeft aangenomen. In dit tweede verhaal, dat cursief is geschreven, beschrijft de verteller het leven op het eiland W, dicht bij een van de laatste plaatsen waar de jonge Gaspard was voordat zijn jacht onder ging.

Twee samenhangende verhalen

Hoewel deze twee verhalen erg van elkaar lijken te verschillen, hebben ze eigenlijk veel gemeen. De titel van het boek, *W, of De jeugdherinnering*, geeft aan dat het twee verhalen bevat. Het voegwoord "of" scheidt ze onmiddellijk. Het benadrukt echter ook dat ze uitwisselbaar en gelijkwaardig zijn, aangezien de titel van de tekst zowel "W" als "De herinnering aan de kindertijd" zou kunnen zijn. De twee elementen verwijzen dus naar een gemeenschappelijke noemer. Het feit dat "herinnering" in het enkelvoud staat is veelzeggend: het geeft aan dat de auteur slechts één herinnering heeft, die van de oorlog.

Aangezien de roman uit twee delen bestaat, is het verleidelijk te denken dat het ene deel over het leven van Georges Perec gaat en het andere over het leven van Gaspard Winckler. Dit is echter helemaal niet het geval. De twee verhalen wisselen elkaar per hoofdstuk af, waardoor de autobiografische en fictieve vertellingen tegenover elkaar staan en bijna met elkaar in dialoog gaan. Alleen de typografie onderscheidt ze (wanneer de verteller Perec is, wordt een gewoon lettertype gebruikt; wanneer het Gaspard Winckler is, is de tekst cursief).

De lezer kan gemakkelijk parallellen trekken tussen de twee vertellers:

- Zij zijn beiden volwassenen die op zoek gaan naar een kind dat hun naam deelt: de jonge Perec voor de auteur, en het jongetje wiens naam hij heeft aangenomen voor Gaspard.

- Ze zijn allebei weeskinderen die bij hun moeder zijn weggerukt.

- De twee kinderen zijn min of meer even oud: het deel van zijn jeugd dat Perec probeert te herstellen is de periode tussen zijn geboorte en de leeftijd van 12 jaar, de leeftijd van de jonge Gaspard.

- De eerste letter van Winckler echoot het verhaal "W" dat Perec schreef toen hij jonger was en verwijst terug naar zijn kindertijd. De initialen G.W. zouden dus kunnen verwijzen naar een fictieve dubbelganger van Georges, die uitmaakt van het verhaal "W".

- De twee personages zijn allebei op de vlucht: de volwassen Gaspard, een deserteur uit het leger, ontvlucht de oorlog. De kleine Georges doet hetzelfde: hij ontvlucht de oorlog door Parijs te verlaten en bij zijn tante te gaan wonen.

Een verwrongen autobiografisch pact

Wanneer de auteur zijn lezers probeert mee te nemen in zijn zoektocht naar zijn jeugdherinneringen, gaat hij een verbintenis met hen aan: hij belooft hen nauwkeurigheid en eerlijkheid (voor zover mogelijk, want in werkelijkheid herinnert hij zich bijna niets van zijn jeugd). In het tweede hoofdstuk dat hij vertelt, verklaart de auteur dat hij zal proberen zich zijn verleden te herinneren, dat cruciaal is om zijn heden en zijn toekomst te begrijpen:

> *"Zelfs als ik alleen de hulp heb van vergeelde snapshots, een handvol oog-getuigenverslagen en een paar schamele documenten om mijn ongeloofwaardige herinneringen te ondersteunen, kan ik niet anders dan tevoorschijn toveren wat ik jarenlang het onherroepelijke heb genoemd"* (blz. 12).

Het oprakelen van zijn herinneringen met alle middelen die hem ter beschikking staan, lijkt hier voor de auteur een noodzaak om zijn identiteit te begrijpen. Hij garandeert echter niet dat zijn geheugen volledig te vertrouwen is: "de vele variaties en denkbeeldige details die ik bij het vertellen ervan – in woord of geschrift – heb toegevoegd hebben ze sterk veranderd" (p. 13). Daarom sluit hij een pact met de lezer: de auteur verplicht zich de lezer de informatie te geven die de werkelijkheid het dichtst benadert, zonder dat deze informatie noodzakelijkerwijs waar is.

Op zoek naar jeugdherinneringen: een gefragmenteerd verhaal

Door deze introspectie probeert Perec de man te begrijpen die hij vandaag de dag is geworden. Dit werk is ook een manier om zichzelf te helen na het trauma van de oorlog: de overweldigende herinnering aan het conflict stelt hem in staat te begrijpen waarom hij deze periode van zijn jeugd is vergeten. Hier zijn zijn herinneringen vervormd, versnipperd en uiteengevallen: hij kijkt erop terug als een man in het heden die zijn jeugd op een zeer afstandelijke manier probeert te herleiden, te wijzigen, aan te vullen en te rechtvaardigen. Deze versnippering van zijn geheugen wordt weerspiegeld in de roman.

Zijn herinneringen verschijnen inderdaad in fragmenten, alsof ze pas opdoken terwijl de auteur de tekst schreef. Dit proces wordt des te duidelijker als Perec zijn onderzoek begint met een commentaar op een oude tekst die hij had geschreven over de foto's van zijn ouders, die hij gebruikt om hun leven te reconstrueren met behulp van elementen buiten zijn jeugdherinnering, zoals documenten, gesprekken en onderzoek. Het feit dat de tekst een herbewerking is van aantekeningen die zo'n 15 jaar geleden zijn gemaakt, wordt aangegeven door de auteur en de typografie van de tekst, die vetgedrukt is. Deze hertaling lijkt bepaalde details in het geheugen van de verteller weer op te roepen, want hij annoteert de tekst om de lezer duidelijk te maken wat hij sindsdien heeft geleerd. Vervolgens wordt deze versnippering nog duidelijker: de hoofdstukken worden gerangschikt naar herinneringen, die vaag en gemengd blijven en niet echt logisch geordend zijn.

DE ALOMTEGENWOORDIGHEID VAN DE TWEEDE WERELDOORLOG

De oorlog die zijn jeugd doodde

Vanaf de eerste bladzijden is het duidelijk dat deze oorlog een obstakel zal vormen in de zoektocht van de verteller naar zijn identiteit. In het tweede hoofdstuk zegt Perec:

> *"Ik was verontschuldigd: een andere geschiedenis, Geschiedenis met een hoofdletter H, had de vraag in mijn plaats beantwoord: de oorlog, de kampen" (p. 6).*

We zien namelijk dat de oorlog bijzonder verwoestend was voor zijn familie en dat deze hem zijn beide ouders heeft ontnomen: zijn vader aan het front en zijn moeder na haar deportatie. De oorlog is dus de oorzaak van zijn geheugenproblemen en heeft een duidelijke invloed gehad op de eerste jaren van zijn leven. We kunnen ook vaststellen dat de geboortedatum van de auteur overeenkomt met de remilitarisering van het Rijnland, een regio in het westen van Duitsland: het land bereidt zich voor op toekomstige militaire inspanningen en conflicten. Ten slotte is het ook de oorlog die Perec zijn jeugd doet uitvinden als hij ongeveer 13 jaar oud is door het verhaal van "W" te schrijven, dat hij hier voortzet. Volgens de auteur is het "zo niet het verhaal van mijn jeugd, dan toch een verhaal van mijn jeugd" (ibid.).

Het eiland W: een voorstelling van het nazisme

De beschrijving van het eiland W en zijn gebruiken neemt een centrale plaats in de roman in. Op het eiland, dat geregeerd wordt door ambtenaren, wordt wedstrijdsport aangemoedigd en voortdurend gevierd. De jongens op het eiland worden vanaf hun adolescentie opgeleid tot atleten. Een aantal elementen zou de lezer ertoe kunnen brengen de gebruiken van het eiland te zien als een metafoor voor het nazisme:

- **De maatschappij van W is een dictatuur:** de sporters hebben geen bewegingsvrijheid en zijn afhankelijk van een geïsoleerde regering, die zich ver van hen af bevindt in een toren. Ze hebben geen controle over hun eigen lot en moeten alle bevelen opvolgen die ze krijgen. Ze zijn zich niet bewust van de buitenwereld en proberen niet eens in opstand te komen.

- **De intensieve sportopleiding doet denken aan de Hitlerjugend,** een organisatie voor jonge mannen onder het derde Rijk (de Duitse staat tussen 1933 en 1945) die toekomstige soldaten indoctrineerde en voorbereidde op de oorlog. Lichamelijke opvoeding en het aanklagen van de zwaksten werden aangemoedigd; het zou niet moeilijk zijn deze jeugdorganisatie te vergelijken met de opleiding van sporters op W, die de winnaars bevoordeelt en resulteert in de mishandeling van de verliezers.

- Uit de beschrijvingen blijkt dat **het eiland zeer gestructureerd is.** De sporters zijn ondergebracht in vier dorpen, en mannen en vrouwen zijn vanaf de puberteit gescheiden. Rond elke zone staan elektrische hekken. De verschillende structuren op het eiland zijn als onontkoombare gevangenissen, omgeven door hoogspanningsdraden. Er kan een parallel worden getrokken met de organisatie van concentratiekampen.

- De keuze om **de Olympische Spelen af te beelden** kan ook herinneren aan de Olympische Spelen die Hitler

(Führer van Duitsland, 1889-1945) als kanselier organiseerde tijdens zijn eerste jaren aan de macht. Hij gebruikte de Spelen als propaganda voor het nazisme en het Arische ras, en Duitsland voerde de medaillltabel aan. Bovendien vonden de Olympische Spelen onder Hitler plaats in 1936, het jaar waarin Perec werd geboren.

- Perec citeert tenslotte *Univers concentrationnare* van David Rousset (Frans schrijver en politicus, 1912-1997) aan het eind van zijn boek en maakt deze parallel expliciet:

> "De structuur van strafkampen wordt bepaald door twee fundamentele beleidslijnen: geen werk behalve 'sport', en bespottelijke voeding. De meerderheid van de gevangenen doet helemaal geen werk, wat betekent dat werk, zelfs het zwaarste werk, wordt gezien als afromen. Zelfs het minste werk moet op topsnelheid worden gedaan" (p. 163).

Het citaat maakt de lezer bewust van de gelijkenis tussen de kampen en het eiland, zowel wat betreft de organisatie als de vertelstijl. De hoofdstukken die het eiland W beschrijven worden namelijk gekenmerkt door een monotone toon, bijna als historische documentatie. Er is geen zichtbare subjectiviteit. De verteller gebruikt een neutrale toon om zelfs de ergste gruwelen op het eiland te beschrijven, zoals de Atlantiades, races waarin de atleten strijden om het voorrecht om in het openbaar een vrouw te verkrachten om het leven op het eiland te bestendigen.

DE INVLOED VAN OULIPO

Oulipo, afkorting van *Ouvroir de littérature potentielle* of "werkplaats van potentiële literatuur", is een vorm van experimenteel waarbij tekstuele aan het schrijven opgelegd. De auteurs stellen zichzelf de uitdaging deze beperkingen te overwinnen om hun werk te creëren. Deze aanpak bestaat vooral uit spelen, werken en experimenteren met taal, het verkennen van alle mogelijkheden ervan en het interactief maken van het schrijven, waardoor de auteur het potentieel ervan ten volle kan benutten. Perec was gepassioneerd door deze manier van schrijven en heeft er verschillende sporen van achtergelaten in *W, of De jeugdherinnering*.

Woordspeling

De auteur speelt voortdurend met woorden, hun mogelijke verborgen betekenissen, hun homoniemen en hun homofonen. Dit fenomeen komt herhaaldelijk voor:

- **De opdracht.** Perec draagt het boek op aan "E", zonder verdere details te geven:

    ○ Dit zou de beginletter van een voornaam kunnen zijn – bijvoorbeeld zijn tante Esther, die hem tijdens de oorlog verzorgde.

    ○ Het zou ook de eerste letter van het Franse woord *enfance* ("kindertijd") kunnen betekenen: de toewijding zou dus rechtstreeks kunnen verwijzen naar de tijd die hij probeert terug te vinden.

    ○ Ten slotte is E de letter die in Perecs hele roman *Een leegte* ontbreekt en die niemand kan vinden. De lezer zou dus een verband kunnen zien tussen de verdwijning van de letter E en de verdwijning van Perecs jeugd.

- **"Geschiedenis met een hoofdletter H"** (p. 6). In de oorspronkelijke Franse tekst speelt de auteur met homofonie, aangezien de letter H dezelfde uitspraak heeft als het woord *hache* ("bijl"). Door een parallel te trekken tussen de geschiedenis met haar grote H en de geschiedenis met haar grote bijl, benadrukt de auteur het moorddadige karakter van de geschiedenis, die een wapen heeft dat alles op haar pad doodt en vernietigt, levens neemt en herinneringen steelt.

Spelen met getallen

De auteur speelt ook met getallen, en in het bijzonder met het getal 36, dat verwijst naar zijn geboortejaar.

- Het boek, dat symbool staat voor de zoektocht naar deze "herinnering aan de kindertijd", bestaat uit 36 hoofdstukken, alsmede één kort hoofdstuk in gewone tekst (dat als conclusie dient) waarin Perec zich niet kan herinneren wat hem ertoe dreef W te beschrijven toen hij nog een jonge tiener was. Dit 37e hoofdstuk werd geschreven kort na de 37e verjaardag van de auteur.

- De Olympische Spelen, gebruikt als metafoor voor het nazisme, verwijzen naar de Olympische Spelen van 1936, die onder Hitler in Berlijn plaatsvonden.

De getallen twee en vier zijn ook erg in de roman. Het getal vier heeft enkele interessante wiskundige eigenschappen: het is het resultaat van de berekeningen $2 + 2$, 2×2 en [22]. Twee en vier zijn alomtegenwoordig in de roman. Alles wordt inderdaad verdubbeld in deze autobiografische vertelling:

- De titel kondigt deze dubbelhartigheid al aan de 'W', die geschreven is als twee 'v's en symbool staat voor de dubbelganger van Perecs leven, Gaspard Winckler. Aangezien de 'v' uit twee takken bestaat, resulteert de verdubbeling ervan in een letter die uit vier strepen bestaat, de 'w'.

- Het boek zelf bestaat uit twee delen. Het eerste gaat over herinneringen aan het leven van de auteur in de Rue Vilin in Parijs, terwijl het tweede zich afspeelt in Villard-de-Lans. Het zijn twee afzonderlijke levens, die zich elk afspelen in een plaats die begint met de letter "v".

- Het eiland W, waar zich een streng georganiseerde samenleving bevindt, is aangelegd als een vierkant (een vierhoek met vier gelijke zijden) met daarin vier atletendorpen ("*vier nederzettingen die eenvoudigweg "dorpen" worden genoemd*", blz. 71).

Spelen met vormen en tekens

Behalve met klanken, letters, woorden en cijfers speelt Perec ook met vormen. In het tweede hoofdstuk vertelt hij over een vorm die hij als klein kind tekende en waarvan de bovenkant een beetje op een hakenkruis lijkt.

De auteur ontleedt en herschikt ook de vorm van W: hij zou kunnen worden veranderd in een X, een hakenkruis, een kruisbeeld, driehoeken of de Davidsster. Bovendien zou de W op de kleding van de atleten op het eiland W kunnen verwijzen naar het nazi-symbool:

> "*[De] basisfiguur is de dubbele V [...] twee V's die punt voor punt met elkaar verbonden zijn, geven de vorm van een X; door de takken van de X te verlengen met loodrechte segmenten van gelijke lengte, verkrijgt men een hakenkruis [...] door twee paar V's kop aan staart te plaatsen, verkrijgt men een figuur waarvan de takken slechts horizontaal met elkaar verbonden hoeven te worden om een Davidsster te maken*" (p. 77).

Bovendien dragen de sporters als ze nieuw zijn een driehoek die naar beneden of naar boven wijst (de reden voor deze plaatsing lijkt de auteur niet duidelijk). Het samenvoegen van de twee driehoeken levert een Davidster op. Zo lijkt het eiland op de concentratiekampen, en het feit dat de beginnende sporters een driehoek op de rug van hun kleding geborduurd dragen, betekent dat zij geen sporters voorstellen, maar gevangenen die tot verschillende groepen gevangenen behoren. Door de twee driehoeken te combineren tot een ster kunnen ze zelfs vergeleken worden met de Joden.

Het spel van de auteur speelt zich af op verschillende niveaus, wat resulteert in een ingewikkeld kluwen van mysteries. Perec kiest zorgvuldig elk detail en organiseert ze zo dat alle elementen met elkaar verbonden zijn. Er is veel draad te ontwarren, zowel voor de auteur die het einde ervan probeert te vinden, namelijk zijn jeugdherinnering, als voor de lezer die gaandeweg de verschillende mysteries van de tekst ontdekt.

HET ONZEGBARE UITDRUKKEN

In deze zoektocht naar zijn jeugdherinnering zien we dat de verteller kiest voor een neutrale, emotieloze toon:

- De dood van zijn ouders wordt verteld op een onnadrukkelijke, zeer feitelijke manier zonder een zweem van emotie: "Mijn vader was een langzame en stomme dood gestorven" (p. 29).

- De gruwelijke gebeurtenissen op het eiland W wekken geen echte gevoelens op bij de verteller. Ze worden beschreven alsof ze deel uitmaken van een documentaire, zoals blijkt uit het verhaal over de Atlantiaden. De verteller besluit de onsmakelijke beschrijving van de wedstrijd met een noot die losstaat van de wreedheid van het spel: "*Deze speciale procedure, die de Atlantiades anders maakt dan*

*alle andere W-wedstrijden, heeft, zoals men zich kan voor-
stellen, verschillende opmerkelijke gevolgen*" (p. 125).

Maar ook al geeft deze schijnbare neutraliteit niet de
gemoedstoestand van de auteur weer, ze wijst wel op de
diepe wond die hij heeft opgelopen. Deze wond wordt in
wezen veroorzaakt door de schok van de herinnering die hij
niet kan herstellen. Ten slotte zouden geweld en pijn, die
zeer sterk aanwezig zijn in de tekst, eerder een mentale dan
een fysieke verwonding bij de auteur kunnen verbergen:

• Hij lijkt zich te herinneren dat zijn arm in een mitella zat
  toen zijn moeder hem naar het station bracht, maar in
  feite heeft hij zich dit verbeeld. Het kan zijn dat deze
  fysieke sensatie de plaats inneemt van de psychologische
  schok veroorzaakt door de scheiding van moeder en zoon
  en het hartzeer van dit plotselinge vertrek.

• Het fysieke leed dat de sporters op het eiland W wordt
  aangedaan, kan ook worden gezien als een scheur die de
  oorlog in het verleden van de auteur heeft achtergelaten.
  De geschiedenis heeft zijn eigen verhaal van hem gestolen.

Het feit dat Gaspard Winckler doof en stom is, is ook veelzeggend. De kleine Gaspard kan niet zeggen wat hij voelt of
horen wat hem gevraagd wordt. Daarin lijkt hij enigszins op
de jonge Georges op wie de auteur terugkijkt. Hij is niet te
vangen, en noch Georges noch de volwassen Gaspard slagen
erin te vinden wat ze zoeken. Bovendien kunnen we Gaspard
Winckler zien als het symbool van het trauma dat de oorlog
heeft toegebracht aan het leven en de psyche van de auteur.

Dit originele autobiografische verhaal beschrijft dus
de onmogelijke zoektocht van de auteur om zijn

jeugdherinnering terug te krijgen, evenals de periode die ver-antwoordelijk is voor dit geheugenverlies: de oorlog. Perecs enige manier om uitdrukking te geven aan zijn verdriet omdat hij zich het leed dat de oorlog hem heeft berokkend niet kan herinneren of er vrijelijk uitdrukking aan kan geven, is te zoeken naar een equivalent door te schrijven, namelijk fictie. De lezer wordt uitgenodigd actief deel te nemen aan deze zoektocht en te proberen de lange draad te ontwarren waarvan de auteur het einde zoekt. Zo kan de roman worden gelezen als een uitwisseling tussen fictie en werkelijkheid die, door de overweldigende impact van de oorlog op het leven van de jonge Perec te tonen, ook de verschrikkingen van deze periode aan de kaak stelt.

VERDERE REFLECTIE

ENKELE VRAGEN OM OVER NA TE DENKEN…

- *W, or the Memory of Childhood*, is zowel een autobiografische vertelling als een fictief verhaal. Verklaar deze schijnbare tegenstelling.

- Wat is volgens u de bedoeling van de auteur om de twee verhalen af te wisselen?

- Wat kunt u zeggen over de verschillende typografieën van de tekst?

- De eerste zin van het tweede hoofdstuk luidt: "Ik heb geen jeugdherinneringen" (blz. 6). Is deze zin in tegenspraak met de inhoud van het boek? Werk je antwoord uit.

- Het leven op W staat volledig in het teken van sport. Leg uit hoe de levensomstandigheden van de atleten lijken op die van de Joodse gevangenen.

- Betekent dit dat Perec een negatieve kijk heeft op sport en, bij uitbreiding, op spelletjes?

- Het motto van W is "Sneller, hoger, sterker" (blz. 140). Het motto van de nazi's, dat op het hek bij de ingang van het concentratiekamp Auschwitz prijkt, is *Arbeit macht frei* ("werk maakt vrij"). De slogan van Pierre de Coubertin, de vader van de moderne Olympische Spelen, is *L'important c'est de participer* ("het belangrijkste is meedoen"). Zijn deze drie slogans met elkaar in tegenspraak? Zijn er overeenkomsten tussen de eerste twee? Leg uw antwoord uit.

- In hoeverre kan worden gezegd dat Gaspard Winckler een fictieve dubbelganger is van Georges Perec?

- In hoofdstuk 37 wordt een gebeurtenis besproken die plaatsvond tijdens het schrijven van het boek en die resoneert met W. Wat is het? Verklaar deze resonantie.

- Perec was een aanhanger van de creatieve methoden van Oulipo, en zijn werk wordt vaak gevormd door stilistische beperkingen of vormspelingen. Kunt u een van deze herkennen in *W, of De jeugdherinnering*?

VERDER LEZEN

REFERENTIE-UITGAVE

Perec, G. (2011) *W, or the Memory of Childhood*. Trans. Bellos, D. Londen: Vintage Books.

REFERENTIESTUDIES

Van Monfrans, M. (1999) *Georges Perec. La Contrainte du réel*. Amsterdam: Éditions Rodopi.

*We horen graag van jou! Laat
een reactie achter op jouw online bibliotheek
en deel je favoriete boeken op social media!*

De uitgever garandeert de betrouwbaarheid van de gepubliceerde informatie, die echter niet onder zijn verantwoordelijkheid valt.

www.50minutes.com

Master ISBN: 9782808688178
Papier ISBN: 9782808699570
Wettelijk depot: D/2023/12603/1237

Omslag: © Primento

Digitaal ontwerp: Primento, de digitale partner van uitgevers.